もくじ

6 … 付属CD-ROMの使い方

4月

食育だより

- 8-9 …
  - 学校での食育
  - ご家庭と給食の連携をよろしくお願いいたします
  - 今年度もよろしくお願いします
- 10-11 …
  - 食べることは生きること
  - 早寝・早起き・朝ごはん〜よい習慣を身に付けよう〜
  - 今年度もよろしくお願いいたします
- 12-13 …
  - 食べることと、生きること
  - 調理員さんを紹介します！
  - さくらえびとしらすのかき揚げ（静岡県）

Be Healthy（中学・高等学校向け）

- 14 …
  - 入学、進級おめでとうございます
  - 体と心と食べ物と…
- 15 …
  - 給食の準備と後片付けをしっかり行おう！

イラスト・カット

- 16 … タイトルイラスト
- 17-21 … カラーイラスト
- 22 … カラーイラスト（中学・高等学校向け）
  衛生と安全に気をつけて給食準備！

5月

食育だより

- 24-25 …
  - 行事食について知ろう
  - 健康づくりは生活リズムと食事から
- 26-27 …
  - おにぎりをにぎってみよう！
  - 朝ごはんと体調の関係は？朝ごはんを食べないと…
  - かつおのごま風味揚げ
- 28-29 …
  - バランスのよい食事とは？
  - 後片付けのお願い
  - クファジューシー（沖縄県）

Be Healthy（中学・高等学校向け）

- 30 … 「時間栄養学」を活用しよう！
- 31 …
  - 朝ごはん体と脳をWake Up！
  - お弁当を持っていくときの注意点

イラスト・カット

- 32 … タイトルイラスト
- 33-37 … カラーイラスト
- 38 … カラーイラスト（中学・高等学校向け）
  朝ごはんをしっかり食べよう！

6月

食育だより

- 40-41 … ・咀しゃくの運動不足になっていませんか？
  - ・6月は食育月間
  - ・学校給食の衛生管理
- 42-43 … ・6月は「食育月間」です
  - ・"こ食"は心と体に赤信号な食べ方です！
  - ・ししゃもフリッター
- 44-45 … ・6月は「食べる」ことについて考えてみましょう！
  - ・歯を大切にしよう！
  - ・豚肉の金山寺みそ焼き（和歌山県）

Be Healthy（中学・高等学校向け）

- 46 … ・歯の健康を守ろう！
- 47 … ・食べてむし歯予防！
  - ・梅雨どきの衛生に気をつけよう！

イラスト・カット

- 48 … ・タイトルイラスト
- 49-53 … ・カラーイラスト
- 54 … ・カラーイラスト（中学・高等学校向け）
  学校の食育・6つの視点

7月

食育だより

- 56-57 … ・食事のマナー、できていますか？
  - ・暑い夏、こまめに水分補給を
  - ・給食室から
- 58-59 … ・夏の食生活、こんなところに気をつけて！
  - ・楽しく会食しよう！
  - ・夏野菜のミートソーススパゲティ
- 60-61 … ・暑い夏を乗り切るぞ！夏の食事ポイント
  - ・よくかんで食べて夏ばて予防！
  - ・いも団子汁（北海道）

Be Healthy（中学・高等学校向け）

- 62 … ・夏の水分補給 5W1H
- 63 … ・暑い夏適度に水分補給をしよう！

イラスト・カット

- 64 … ・タイトルイラスト
- 65-69 … ・カラーイラスト
- 70 … ・カラーイラスト（中学・高等学校向け）
  夏の食生活注意点

8月

食育だより
- 72-73 ・・・
  - "旬"を知って、かしこく、やさしく、健康に!
  - 休み明けの生活をリフレッシュ!
- 74-75 ・・・
  - のどがかわいたとき、何を飲んでいますか?
  - 夏の健康を守る夏野菜
- 76-77 ・・・
  - 生活リズムを整えよう!
  - 舌の健康、考えたことはありますか?
  - いかの香味焼き

Be Healthy(中学・高等学校向け)
- 78 ・・・
  - 夏休みこそ、毎日牛乳!
- 79 ・・・
  - 食品の表示を知ろう!

イラスト・カット
- 80 ・・・
  - タイトルイラスト
- 81-85 ・・・
  - カラーイラスト
- 86 ・・・
  - カラーイラスト(中学・高等学校向け)
  - 8月31日は野菜の日野菜のよいところ
  - 1日350gをとろう!

9月

食育だより
- 88-89 ・・・
  - 大切ですよ朝ごはん!
  - 日本の食生活の知恵を知ろう!〜敬老の日〜
  - さんまのあぶらは栄養満点
- 90-91 ・・・
  - 生活リズムは規則正しい食生活から
  - 朝のくだものは「金」
  - キーマカレー
- 92-93 ・・・
  - みんなに食べてほしい日本伝統の食材〜まごわ(は)やさしい〜
  - 体の中の時計のおはなし
  - けの汁(青森県)

Be Healthy(中学・高等学校向け)
- 94 ・・・
  - 見直そう"和食"
  - 食事のいろどりに気をつけよう!
- 95 ・・・
  - 夏ばてに負けない食生活!

イラスト・カット
- 96 ・・・
  - タイトルイラスト
- 97-101 ・・・
  - カラーイラスト
- 102 ・・・
  - カラーイラスト(中学・高等学校向け)
  - 姿勢をよくして食べよう!

都道府県(東日本)
※各都道府県名の前の数字は総務省による都道府県番号です。
※西日本は『もっとたよれる食育だよりイラスト資料集 秋冬編』に掲載

- 104 ・・・ 1.北海道, 2.青森県, 3.岩手県, 4.宮城県, 5.秋田県, 6.山形県
- 105 ・・・ 7.福島県, 8.茨城県, 9.栃木県, 10.群馬県, 11.埼玉県, 12.千葉県
- 106 ・・・ 13.東京都, 14.神奈川県, 15.新潟県, 16.富山県, 17.石川県, 18.福井県
- 107 ・・・ 19.山梨県, 20.長野県, 21.岐阜県, 22.静岡県, 23.愛知県, 24.三重県

付録 CD-ROM の使い方

※付録 CD-ROM をパソコンで使用される前に、必ずご一読ください。

● CD-ROM データ構成

収録データ

付属のCD-ROMをパソコンに読み込み、開くと、月ごとのファイルが出てきます。

4月のフォルダの中身

月ごとのファイルの中には、ページごとのデータが入っています。

◎各月ごとのフォルダ内に下記のデータが収録されています。
- 「食育だより」3つ、それぞれルビなし・ルビ有、カラー・白黒の4種類
- 「Be Healthy」（中高生向け）2つ、それぞれカラー・白黒
- 「カラーイラスト」、「カラーイラスト（中高）」

◎「都道府県」フォルダの中には総務省による都道府県番号 1 ～ 24 番まで収録。都道府県番号 26 ～ 47 番は『もっとたよれる食育だよりイラスト資料集 秋冬編』に収録されています。

● 使い方いろいろ

貼り付けて自在にレイアウト

ご自身が作成した文書に貼り付け

テキストデータを自由に書き換える

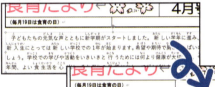

テキストデータで収録している部分は、自在に文章を変更できます。
（※画像として収録した一部のテキストは変更できません）

■ご使用にあたって

付録 CD-ROM に収録した画像データは、学校での掲示資料の製作など非営利の場合のみ使用できます。ただし、下記の「禁止事項」に該当する行為を禁じます。また画像データの著作権、使用許諾の権利はイラストレーターと株式会社 健学社が有するものとします。

【禁止事項】
- 付録CD-ROMに含まれている画像データを分離、複製、加工して、独立の取引対象として頒布（貸与、販売、賃貸、無償配布など）したり、インターネットのホームページなどを利用して頒布することは営利、非営利を問わず禁止いたします。本品の販売の妨げとなるような行為はおやめください。
- 公序良俗に反する目的での使用や名誉毀損、そのほか法律に反する使用はできません。
- 以上いずれかに違反された場合、株式会社 健学社はいつでも使用の差し止めを求め、損害に応じて法的対抗措置をとります。

【免責】
- 弊社は本製品に関していかなる保証も行いません。本製品の製造上の物理的な欠陥につきましては、良品との交換以外の要求には応じられません。
- 本製品を使用した場合に発生した如何なる障害および事故等について、弊社は一切責任を負わないものとさせていただきます。また付録CD-ROMを音楽再生専用のCDプレーヤーで使用すると故障の原因となります。絶対に使用しないでください。

なお、本製品の動作は以下の環境で確認しています。
- OS:Windows10以降
- ワード（.docx）Microsoft Office2019、Microsoft office 365

付録CD-ROMが入った袋を開封した場合には、上記内容を承諾したものと判断いたします。

4月

食育だより 4月号

（毎月19日は食育の日）　　　　　　　　　　　　学校

　元気いっぱいの新入生を迎え、新学期が始まりました。学校給食は子どもたちが栄養バランスのとれた食事をクラスの仲間や先生と一緒に食べ、そのふれあいの中で心を豊かにし、体の健康を育んでいきます。さらに給食を「生きた教材」として、健康的に過ごすためのよい食べ方やマナー、協力の大切さや感謝の心を育む食育が進められます。今年度も楽しく、安全でおいしい給食を目指していきますので、ご理解とご協力をお願いいたします。

学校での食育

　学校給食は、学校での教育活動の1つに位置づけられています。また日本の学校教育の指針である「学習指導要領」では、食育についてご家庭や地域社会と連携を図りながら学校全体で取り組んでいくことが示されています。学校で行う食育は以下の6つの視点から進められます。

食の重要性

食べることの喜び、楽しさ、そして重要性を知る。

心身の健康

成長や健康に望ましい食べ方を知り、実践できる。

食品を選択する能力

正しい知識や情報に基づき、品質や安全性を自分で判断できる。

感謝の心

食べ物を大切にし、食事にかかわる人々に感謝する。

社会性

食事のマナーを守り、食事を通して豊かな人間関係を築く。

食文化

各地域の産物や食文化、その歴史などを知り、尊重できる。

ご家庭と給食の連携をよろしくお願いいたします

4月

毎月の献立表やおたよりに目を通してください

冷蔵庫など目にしやすい所に張って、ご一読ください。給食を話の糸口に、その日の子どもの学校での様子を聞くこともできます。

ご家庭を食育の実践の場にしてください

はしの持ち方、配膳、食べ方、献立の考え方など、学校で食育として伝え、子どもたちが学んだことをご家庭でもぜひ継続して実践させてください。

給食当番へのご協力をお願いします

ハンカチ、つめ、マスク着用など衛生管理にご協力ください。また給食当番の週の最後には、白衣等の洗濯、アイロンがけによる滅菌をお願いいたします。

積極的にお手伝いをさせてください

給食では全員で準備、後片付けをします。ご家庭でもぜひ行わせてください。買い物や料理もできる範囲で積極的にお手伝いをさせてあげてください。

今年度もよろしくお願いします

今年も_____人の調理員と、栄養士で安心・安全、そしておいしい給食づくりに邁進していきます。給食運営には、人件費、光熱水費等さまざまな経費が発生します。保護者の皆さまには、その中の食材料費のみを「学校給食費」として集め、ご協力いただいております。今年度、本校の給食費は1食あたり_____円です。
　また食物アレルギー対応などお子様の食についてのご相談や給食に関するご意見などは、栄養教諭_____までご遠慮なくお寄せください。

食育だより  4月号

（毎月19日は食育の日）　　　学校

　子どもたちの元気な声とともに新学期がスタートしました。新しい学年に進み、そして新入生にとっては新しい学校での1年が始まります。希望や期待で胸がいっぱいのことでしょう。学校での学びや活動をいきいきと行うためには何より健康が大切です。今年も1年間、よい食生活を心がけ、それぞれの目標に向かってがんばりましょう。

食べることは生きること

　私たちにとって「食べること」は生きていくうえで欠かせないことです。勉強したり、運動したりできるのも食べ物から毎日栄養を取り入れているからです。これから大人になっても健康でいきいきと過ごしていくためには、みなさんのような体や心の成長期に望ましい食生活を身に付けることがとても大切です。このような観点から学校でも教育活動全体を通して食育を推進していくことが定められています。

学校における食育とは

　食育とは、知育・徳育・体育の基礎となるもので、さまざまな体験や学びを通して「食」に関する正しい知識と自ら選択できる力などを身に付けて、健全な食生活を将来にわたって実践できるような人に育てていくことです。学校では、食育の中心となる給食のほか、各教科はもちろん、総合的な学習の時間、道徳、特別活動と連携し、学校教育全体を通して食育に取り組んでいきます。

食育で学ぶこと

- 食事の重要性
- 感謝の心
- 心身の健康
- 社会性
- 食品を選択する能力
- 食文化

　今年度も子どもたちの健やかな成長を願い、食育に取り組んでいきます。ご理解とご支援をお願いいたします。子どもたちへの食育では学校だけでなく、家庭や地域の方からのご協力が欠かせません。ぜひ一緒に食事や健康のことについて考えていきたいと思います。どうぞよろしくお願いいたします。

早寝・早起き・朝ごはん ～よい習慣を身に付けよう～

4月

朝、おなかがすいた状態で気持ちよく起きることができます。

「おはようございます」。おいしく朝ごはんをいただきます。

朝ごはんをしっかり食べると、脳を目覚めさせ体が活動を開始します。

次の日も朝ごはんをしっかり食べるために、夜ふかしや寝る前の間食をつつしむことができます。

早寝・早起き・朝ごはんでハッピー・ヘルシーサイクル!

やる気が出てきて、元気に登校できます。

時間を決めて食べることが身に付きます。おやつも食べる時間と量を考えてとるようになります。

お昼の給食まで集中力と体力が途切れずしっかり勉強することができます。

今年度もよろしくお願いいたします

給食は4月＿＿日(＿＿)から始まります。1年生は＿＿日(＿＿)からです。
給食費は1ヵ月＿＿＿＿＿円です。＿＿＿＿＿の指定口座より、毎月＿＿日に引き落とされます。給食費が未納になりますと、食材の安定した購入ができず給食運営等に支障をきたします。未納のないように残高のご確認をお願いいたします。また病気などで＿＿日以上連続して給食を食べないことが事前にわかっている場合は、給食を停止して給食費をお返しいたします。前もって担任の先生を通してご連絡ください。さらに毎月、このおたよりと献立表を配布いたします。今年度も栄養バランスはもちろんですが、行事食や旬の食材を用いた安全でおいしい献立を計画し、食育についての情報も発信していきます。ぜひご覧になり、ご活用ください。また給食当番の白衣は、その週の当番が週末に家に持ち帰ります。お手数ですが洗濯と滅菌のためのアイロンがけをして、忘れずに月曜日に持ってくるようにしてください。

食育だより  4月号

（毎月19日は食育の日）　　　　　学校

　子どもたちの元気な声とともに、新学期がスタートしました。新しい学校、新しい学年に向けて、希望や期待で胸がいっぱいのことでしょう。学校生活を充実したものにするためには、何より健康が大切です。食事はその大きな基礎となります。バランスのとれた食事を心がけ、それぞれの目標に向かってがんばりましょう。

食べることと、生きること

　「食べること」は「生きる」ために欠くことのできないものです。勉強したり運動したりできるのも、毎日、食べ物から栄養を取り入れているからです。育ちざかりの今はもちろんですが、大人になってからもずっと健康でいきいきと過ごしていくためには、子どものうちから望ましい食習慣を身に付けておくことがとても大切です。

学校における食育とは

　食育は、知育・徳育・体育の基礎となるもので、さまざまな経験を通して、食に関する知識と、自分自身で選択できる力を身に付け、生涯を通じて健康的な食生活を実践できる人を育てることです。学校では食育の中心となる給食のほか、教科等とも連携し、学校の教育活動全体を通じて取り組んでいきます。

食育で学ぶこと

- 食事の重要性やよろこび、楽しさを知る。
- 心身の健康と食の密接なつながりを理解する。
- 食品を自分で判断し、選択できる力を育てる。
- 食べ物を大切にし、感謝する心をもつ。
- 思いやりや社会性を身に付ける。
- 大切な食文化を未来に伝える。

今年度も子どもたちの健やかな成長を願い、学校の食育に取り組みます。ぜひ保護者の方、地域の方と一緒に食事や健康について考えていきたいと思っています。どうぞよろしくお願いいたします。

調理員さんを紹介します！

1年間、みなさんの給食を作ってくれる調理員のみなさんです。衛生と安全に細心の注意を払い、心をこめておいしい給食を作ります。どうぞよろしくお願いいたします。

チーフ	サブチーフ	調理員	調理員
 さん	 さん	 さん	 さん
調理員	調理員	調理員	調理員
 さん	 さん	 さん	 さん

※イラストを写真などと入れかえてご使用ください。

作ってみませんか

さくらえびとしらすのかき揚げ

材料　1人分

さくらえび（釜揚げ）	5g
しらす干し（釜揚げ）	3g
たまねぎ（スライス）	15g
ごぼう（千切り）	12g
小麦粉A（具にまぶす）	1g
卵（ときほぐす）	3g
水	15g
小麦粉B	13g
揚げ油	適量

世界文化遺産の富士山があり、駿河湾に面した静岡県は、豊かな自然に恵まれています。さくらえびは国内のほぼ100％が静岡県産です。透明で美しい桜色をしているのが特徴です。いわしの稚魚のしらすもまた春の海の恵みです。いずれも成長に必要なたんぱく質やカルシウムを豊富に含んでいます。

作り方
① 野菜を洗い、切る。
② さくらえび、しらす干し、たまねぎ、ごぼうを合わせ小麦粉Aをまぶす。
③ 卵、水、小麦粉Bをさっくり合わせて、衣を作る。
④ ②と③を合わせ、形を整えて油で揚げる。

中・高等学校向け　4月

入学、進級 おめでとうございます！

1年生のみなさん、ご入学おめでとうございます。2、3年生のみなさんは進級おめでとうございます。新しい学年のスタートです。緊張もあるかと思いますが、毎日の食事を大切にして元気に過ごしてほしいと思います。

中学生のみなさんに心がけてほしい食習慣

☆朝食を毎日しっかりとろう！

朝食をしっかり食べると、授業に集中できます。食べる習慣が身に付かない人は、早起きを心がけ、まずは汁物（みそ汁、スープ、牛乳など）から始めてみましょう。

☆いろいろな食べ物に挑戦してみよう！

苦手な食べ物も、調理法が変わると食べられるかもしれません。また、味覚は成長とともに変化します。「食わず嫌い」はやめ、思い切ってチャレンジしてみましょう。

☆ときには自分で調理してみよう！

もう中学生です。家庭科でも調理を習いました。自分が食べるものだけでなく、ときどき家族の分も作ってあげたり、お手伝いできるといいですね。

体と心と食べ物と…

体の元気は心の元気、そして心の健康は体の健康にもつながっています。食べ物や食べ方を見直してみることで、心や体が元気になります。新しい環境に戸惑う新学期、ぜひ健やかに楽しく過ごしましょう。食べ物のはたらきについてです。

①体をつくり、修復する！

体をつくるもとになるのはたんぱく質です。そのたんぱく質が体の細胞になるためには、ビタミンや無機質（ミネラル）のはたらきが不可欠です。好きなものだけでなく、いろいろな食品をまんべんなく食べる工夫をしましょう。

②体を動かすエネルギーとなる！

体を動かすエネルギーとなるものは、おもに炭水化物です。この炭水化物がエネルギーになるときも、やはり野菜や果物に多く含まれるビタミンのはたらきが必要になってきます。

③心を強くし、安定させる！

心のはたらきには、脳や神経の状態が大きく影響します。脳や神経をつくるもとは、たんぱく質や脂質です。そして脳のエネルギーになるのが炭水化物（ブドウ糖）です。また脳や神経が正常にはたらくためには、バランスのとれたビタミンや無機質（ミネラル）が必要です。

中・高等学校向け　4月

給食の準備と後片付けをしっかり行おう！

　新しい学年が始まりました。自分たちのクラスをよりよくしていく意欲をもって、毎日の給食の準備や後片付けにも取り組んでいきましょう。充実した学校生活に、安全で楽しい給食は欠かせないものです。

● 給食当番の人

トイレを済ませ、手をよく洗ってから清潔なハンカチでふく。白衣に着替える。

マスクを鼻と口にしっかり当てて着用し、帽子からは髪を出さないなど衛生に十分注意する。

献立表やサンプルケースを参考に盛りつけ方や量などに気をつけて配膳する。

● 給食当番以外の人

机の上やまわりをきれいにして食事をする環境を整える。窓を開けて換気する。

手をせっけんでよく洗ってから、着席し、静かに待つ。（一度洗った手は汚さない）

「いただきます」のあいさつをして食べ始め、マナーを守って楽しく会食する。

● 食べ終わったら

「ごちそうさま」のあいさつをするまで静かに席で待つ。おかわりは学校のきまりに従って行う。

残りやごみが食器・トレイについていないか確認する。食器はきちんと重ね、向きもそろえて返す。

当番は決められた場所に食器を返却する。配膳台や机の上が汚れていたらきれいにふく。

　給食当番の人は、週末に白衣を家に持ち帰り、洗濯と滅菌のアイロンがけをして週明けに忘れずに持ってきてください。家の人まかせではなく、自分で責任をもって行うことが大切です。

タイトルイラスト

"給食だより"も収録されています

カラーイラスト

楽しく 給食を はじめよう!

つくえの上をきれいに

手あらい

身じたく

赤飯

たけのこ ごはん

行事食

清明

入学式

4月

カラーイラスト（中学・高等学校向け）

衛生と安全に気をつけて 給食準備！

体調がすぐれないときは
無理しないで代わって！

体調管理に気をつける。具合の悪いときは無理をせず、担任の先生に言って交代する。

白衣やエプロンに着替える前にトイレを済ませ、手はせっけんでしっかり洗う。

爪も短く
切っておこう！

白衣・エプロンをきちんと着る。マスクは鼻まで覆う。帽子から髪が出ないようにし、長い髪はシュシュなどでまとめておく。

一人分の量や盛り付け方をサンプルケースなどで確認する。配膳のときは盛り残しに注意する。

旬

たけのこ
筍

……です。
1年間よろしくお願いします。

5月

食育だより

（毎月19日は食育の日）

5月号

学校

新学期が始まって1ヵ月が過ぎました。1年生も小学校の給食に慣れ、給食の時間を待ち遠しく感じてくれているようです。

暖かくなって過ごしやすくなる時季ですが、長い連休もあり、4月からの新しい環境での疲れが出やすくなります。家庭では早めに休み、十分な睡眠をとるように心がけましょう。また朝ごはんは1日の原動力です。早起きして時間の余裕を作り、エネルギーの源となる主食のご飯やパンに主菜と副菜をそろえ、よくかんで食べてから登校しましょう。

行事食について知ろう

5月5日はこどもの日です。この日には男の子の成長を祝ってこいのぼりを揚げ、武者人形などを飾ります。そしてかしわもちやちまきを食べますね。このように季節や人生の節目となる日、お祭り、お盆やお正月などの行事に食べる特別な料理や食べ物を「行事食」といいます。

行事食にはその時季に旬を迎える食べ物が多く使われます。さらに健康で心豊かに過ごすために昔の人が考えた知恵や願いが込められています。給食でも1年の節目ごとにさまざまな行事食を出していきます。季節の味や伝統の味を受け継ぎ、未来に伝えていってほしいと願っています。

健康づくりは生活リズムと食事から

　私たちの体は、1日の中である一定のリズムに従って活動しています。おなかがすくのも眠くなるのも、このリズムのひとつです。生活リズムが崩れると健康に異常が出やすくなります。早寝・早起き、規則正しく食事をとることは体のリズムを整え、維持するためにとても重要です。

5月

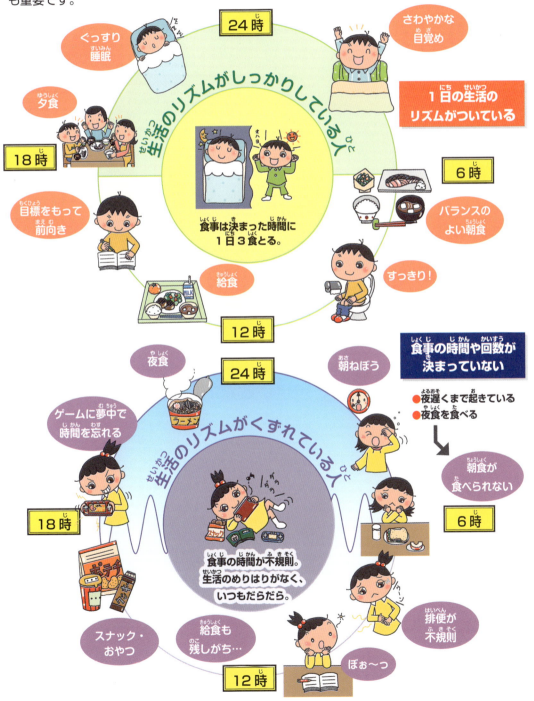

食育だより  5月号

（毎月19日は食育の日）　　　　　　　　　　　　　　　　　学校

新緑の美しい季節になりました。吹く風にもさわやかさが感じられます。
新学期がスタートして、はや1ヵ月が過ぎようとしています。新しい環境にもそろそろなじんできて、緊張がとれて疲れが出やすい時季です。日頃から、早寝・早起きを心がけ、しっかり朝食をとって登校しましょう。

おにぎりをにぎってみよう！

5月には楽しいゴールデンウイークがあります。過ごしやすい時季なので、いろいろな計画を立てている人もいるでしょう。普段なかなかお手伝いできない人は、ぜひ家族と一緒に食事作りをしてみてください。おすすめはおにぎりです。

おにぎり作りのポイント

○ご飯は少しかために炊こう。
○具を入れる場合は、汁気のないもの（汁気を飛ばしたもの）にしよう。
○素手でにぎる場合は、せっけんで手をよく洗ってからにぎり、なるべく早く食べきろう。お弁当にするときはできればラップを利用してにぎり、涼しいところで保管しておこう。

三角おにぎりのにぎり方

①手に水をつけて塩をふり、手を合わせて塩をなじませる。（ラップを使う場合はしなくてもよい）

②左手にご飯をとる。ラップを使う場合は少し広めに切って手のひらにのせ、その上にご飯をのせる。具を入れる場合はご飯の真ん中に置く。

ラップを使う場合

③右手をかぶせてご飯を包みこむように丸くにぎる。

④左手の手のひらを「コ」の形にし、右手を「へ」の形にしてにぎる。ご飯を数回回転させて三角形を作る。

朝ごはんと体調の関係は？ 朝ごはんを食べないと…

生活習慣病
不規則な生活リズムや食事の偏りが生まれ、肥満や糖尿病など生活習慣病になるリスクが高くなります。

便秘
朝ごはんを食べないと、腸がなかなか活動を始めなくなり、便秘がちになってしまうことがあります。

やる気が出ない
「食べる」という行為で、視覚・嗅覚・味覚などの感覚神経が刺激され、体が活動モードになります。

太りやすくなる
朝ごはんを食べず、食事回数を減らしてしまうと、体は食べ物のエネルギーを脂肪に変えて体内に蓄えようとします。体重を減らすどころか、かえって太りやすい体質になってしまうことがあります。

学力低下
脳を動かすエネルギーのもとはでんぷんなどが分解されて作られるブドウ糖。睡眠中も脳は活動しています。ブドウ糖は体にほとんど蓄えることができないので、食事でしっかり補給することが大切です。朝ごはんを食べないと、十分なエネルギーが脳に供給されず、はたらきが鈍ります。

生活リズムの乱れ
決まった時間にきちんと食事をしないと、体内時計が徐々に狂ってしまい、健康的な生活リズムがくずれてしまいます。

作ってみませんか

かつおのごま風味揚げ

青葉の頃にやってくる「初がつお」は脂肪分が少なく、あっさりしているのが特徴です。かつおは赤身の魚で、たんぱく質はもちろん、体によいEPAやDHAのあぶら、血合いには鉄分がたくさん含まれ、栄養豊富な魚です。

材料　1人分

かつおの切り身	40g
しょうゆ	3g
酒	1g
しょうが	1.3g
でんぷん	5g
白ごま	2g
揚げ油	適量

作り方
① しょうがはすりおろす。
② かつおの切り身に①としょうゆ、酒で下味をつけておく。
③ ②にでんぷんとごまを混ぜたものをつけて、油で揚げる。

食育だより  5月号

（毎月19日は食育の日）　　　　　　　　　　　　　　　　学校

　春から初夏へと移り変わり、とても過ごしやすい時季となりました。新しい環境にもそろそろ慣れてくるころですが、4月からの緊張感がとけ、疲れが出やすくなります。夜ふかしは控えて十分な睡眠をとり、朝ごはんも毎日きちんと食べて元気に1日をスタートさせましょう。

バランスのよい食事とは？

　体も心も大きく成長している途中のみなさんは、大人以上にいろいろな栄養素をバランスよくとっていかなければなりません。栄養バランスが整った食事にするために、とても手軽で効果的な方法が、毎食「主食」「主菜」「副菜」をきちんとそろえて食べることです。

副菜

副菜は野菜などおもに体の調子を整える食品を使ったおかずです。おひたしや煮物や炒め物などにすると量もしっかりとれます。

主菜

主菜は肉、魚、卵、大豆、豆腐などの大豆加工食品など、おもに体をつくるもとになる食品を使ったメインとなるおかずです。

主食

主食は体を動かし、脳をはたらかせるエネルギーのもとを多く含む食品です。米や小麦から作る、ご飯、パン、めん類などで食事の中心になります。

副菜（汁物）

副菜は量をしっかりとり、使う野菜の種類も多くすることが好ましいです。そのため副菜は1品だけでなく、具だくさんのみそ汁やスープといった汁物と2品そろえるとよいでしょう。

　このほかに成長期に欠かせないカルシウムを豊富に含む牛乳・乳製品、ビタミンCが多く、体の調子を整えるくだもの類などをデザートやおやつとして加えると、さらに食事が充実します。

後片付けのお願い

「ごちそうさま」。給食を食べた後の元気なあいさつを聞くと、とてもうれしくなります。ただ給食はそこで終わりではありません。みなさんが後片付けをきちんとしてくれると、食器を洗って片付け、明日の準備をされる調理員さんの仕事がとてもスムーズに進みます。

食器はきれいにして返す

ご飯つぶや細かい野菜などが、食器のまわりについていませんか。きれいに食べてから返しましょう。

食器を種類ごとに向きをそろえて返す

食器を種類ごとに重ねて返します。はしやスプーンの向きもきちんとそろえてね。

おぼん（トレー）にごみがないか確認する

おぼんにストローの袋などのごみがはさまっていると機械の故障の原因になります。

作ってみませんか

クファジューシー

沖縄県は元気なお年寄りがとても多いことで知られていますが、その秘密は豚肉や豆腐、野菜や海藻をたくさん食べることや、塩分を控えた食生活にあります。沖縄の言葉で「ジューシー」とは豚肉を使った炊き込みご飯のことで、「クファ」には「硬め」という意味があるそうです。お祝い事や法事によく出されるそうです。

材料　1人分

精白米	63g
麦	2g
油	少々
豚肉(小間切れ)	10g
ごぼう	9g
にんじん	10g
さつま揚げ	5g
切りこんぶ	1.2g
さやいんげん	6g
しょうゆ	2.5g
酒	少々
塩	0.8g
みりん	1.2g
かつお節	1g
豚骨スープ	適量

作り方

①米、麦は洗い、浸水してからざるにあげて水気をきる。
②かつお節でだしをとる。
③ごぼうはささがき、にんじんは短冊、さつま揚げはスライス、切りこんぶはもどして1cm幅、さやいんげんはボイルして斜め切りにする。
④豚肉を炒め、火が通ったら、ごぼう、にんじん、こんぶ、さつま揚げを加え、②と調味料を加えて煮る。
⑤④の煮汁と豚骨スープで炊飯する。
⑥炊き上がったご飯に④とさやいんげんを入れて混ぜる。

中・高等学校向け　5月

「時間栄養学」を活用しよう！

若葉がまぶしい5月です。新しい学年になって1ヵ月が過ぎ、心と体にも少し疲れが現れてくる頃ですね。「春眠暁を覚えず」といいますが、眠くて起きるのがつらいといった人はいませんか。現代の栄養学では、いつどんなタイミングで食事をとったらいいのかについての研究も進んできています。その知識を活用しながら、毎日、健康に過ごしましょう。

●体内時計って知ってる？

人間の体は1日の中であるリズムに従って活動し、それをコントロールする「体内時計」とよばれるしくみがあります。

●時間によって体内の活動が変わる！

1日の中で体温に変化が起こるのは、この体内時計によるものです。また、栄養素が体によく吸収されやすい時間や、骨や筋肉がつくられる時間があることもわかってきました。

●寝る直前には食べるのを控えよう！

体内に脂肪をためるはたらきは深夜に活発になります。さらに寝る前に間食をとると、翌日の朝ごはんが食べられなくなってしまい、健康的な生活リズムを崩す原因にもなります。

●朝の光と朝ごはんで体内時計を正確に保つ！

人間の体内時計は地球の1日24時間より少し長めで、朝の光で毎日ずれを調整しています。朝ごはんもこの体内時計を正確に保つために、とても重要な役割を果たしています。

●朝ごはんの栄養バランスも大切！

朝ごはんは、栄養バランスのとれたものにすることも大切です。家庭科で学習したことを生活に生かしましょう。

●朝ごはんと学力

朝ごはんをしっかり食べる生徒は、午前中から頭がしっかりはたらきます。食べていない生徒と比べ、教科の別なく学力テストの得点が高い傾向もありました。

中・高等学校向け　5月

朝ごはん 体と脳を Wake Up!

朝ごはん、しっかり食べていますか？
理想は「主食＋主菜＋副菜＋汁物」。朝ごはんは、1日を元気に活動し、健康的な生活リズムをつくり出していくためにとても大切な食事です。

朝ごはん、毎日、しっかり食べていますか？

朝食の効果

- 脳をはたらかせるためのエネルギー源になる。

- 胃や腸を刺激して、朝が来たことを体に知らせる。そして排便をうながす。

- 体温が上がり、体の動きがスムーズになる。

- 健康的な生活リズムをつくる出発点になる。

お弁当を持っていくときの注意点

新緑がまぶしい季節です。気温も上がってきます。部活動や行事、行楽などでお弁当を作って持っていくときには、次のことに注意しましょう。

作るときは、まずせっけんで手をよく洗ってからとりかかる。調理器具は清潔なものを使う。キッチンもきれいに使う。

おかず類はなるべく火を通し、よく冷ましてから詰める。水気の多いものは入れない。ご飯もよく冷ましてから、ふたをする。

食べるまでの保管場所に注意。直射日光を避け、日陰で涼しい場所を選ぶ。冷蔵庫やクーラーボックスが使えるときは活用しよう。

タイトルイラスト

"給食だより"も収録されています

カラーイラスト

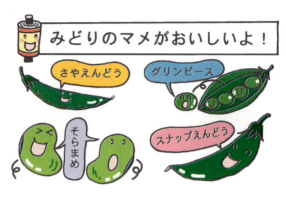

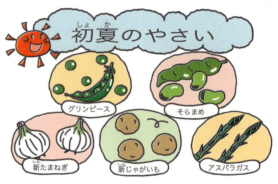

朝ごはんをしっかり食べよう！

脳が目覚める　おなかが目覚める　体があたたまる

グリンピースご飯　ちまき　かしわもち

立夏　母の日

Mother's Day

> カラーイラスト（中学・高等学校向け）

5月

朝ごはんをしっかり食べよう！

おなかが目覚める！

脳が目覚める！

体をウオームアップ！

行事食を楽しもう

新茶をどうぞ。

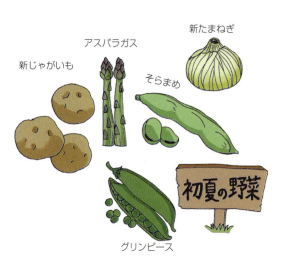
新じゃがいも／アスパラガス／新たまねぎ／そらまめ／グリンピース／初夏の野菜

母の日

6月

食育だより

6月号

（毎月19日は食育の日）　　　　　　　　　　　　　学校

いよいよ梅雨入りも間近です。これからの時季は、とくに食中毒の予防が大切です。食事前の手洗い、清潔なハンカチの準備など身の回りの衛生に十分注意しましょう。そして6月は食育月間。6月4日からは歯と口の健康週間が始まります。今月はとりわけ「よくかむ」ことの大切さ、そして食後の歯みがきをはじめ、むし歯にならないための食べ方などを子どもたちに伝えていきたいと思います。

咀しゃくの運動不足になっていませんか？

　歯でかみくだくことを「咀しゃく」といいます。近ごろは口当たりのやわらかい物が好まれるようになり、「かまない」「かめない」「かむ意欲がない」といった咀しゃくの運動不足を指摘する人もいます。咀しゃく不足は消化を悪くするだけでなく食べすぎにもつながり、引いては生活習慣病の遠因にもなります。よくかんで食べる習慣を子どものうちに身に付けましょう。

よくかんで食べるためには

はしや小さめのスプーンで少しずつ口に運ぶ。

汁物や飲み物といっしょに口の中のものを流し込まない。

かみごたえのあるシーフード、根菜類、豆類、きのこ、海そうなどを食事にとり入れる。

時間に余裕をもって食べる。テレビなどを見ながら食べるのはやめ、ゆったりとした気分で楽しく食べる。

※子どもの口は大人より小さいため、大人よりも食べる時間が長くなります。だらだら食べるのはよくありませんが、大人のペースで子どもを急がせないことも大切です。

6月は食育月間

6月は「食育月間」です。食育とは、生きるための基本であり、知育・徳育・体育の基礎となる健全な食生活を実践できる力を育てていくことです。学校ではおもに下の6つの視点から食育を進めています。

食事の重要性
食事の大切さ、喜び、楽しさを知る。

心身の健康
望ましい栄養や食事のとり方を身に付ける。

食品を選択する能力
正しい知識や情報に基づき、品質や安全性を判断できる。

感謝の心
食べ物を大切にし、感謝の心をもつ。

社会性
協力し、他人を思いやり、豊かな人間関係をつくる。

食文化
地域の産物や食の文化・歴史を理解し、尊重できる。

学校給食の衛生管理

学校給食の衛生管理は「学校給食衛生管理基準」（文部科学省）に沿って実施されます。これは給食で事故が起きないように衛生管理の重要項目が示されたものです。さらに毎日、これらの項目を「学校給食日常点検票」で確認することが義務づけられています。また施設の衛生管理については定期検査も行われています。

日常点検票では、こんなことをチェックしています

- ☑水道水の塩素濃度のチェック
- ☑材料のチェック（検収）
- ☑調理員さんの健康状態の確認
- ☑手洗いの徹底
- ☑調理時の温度管理
- ☑材料と調理ずみ食品を保存
- ☑子どもたちが食べる30分前に検食
- ☑給食当番の子の健康・服装・手洗いの確認　　など

食育だより  6月号

（毎月19日は食育の日） 学校

6月は「食育月間」です。食べることは生きる上で欠かせないことであり、健康な生活を送るための基本となるものです。とくに子どもたちにとっては、心や体の成長に大きな影響を与えます。この機会にぜひ日頃の食生活について見直してみましょう。

6月は「食育月間」です

「食育」は生きる上での基本であり、「知育・徳育・体育」の基礎となるものです。さまざまな経験を通して「食」に関する知識と「食」を選択する力を習得し、健康的で心豊かな食生活を実践できる人を育てることが食育の大きな目標です。学校においても教育活動全体の中で「食育」を推進していますが、毎日の暮らしの中で家庭においても食生活に気を配り、子どもたちの食育を行っていただくことがとても大切です。

国が定めた「第四次食育推進基本計画」では、朝食または夕食を家族と一緒に食べる「共食」の回数を令和2年度の1週間平均9.6回から令和7年度までに11回以上とすることを目標として定めました。みなさんのご家庭ではいかがでしょうか。

はしの持ち方や使い方、正しい配膳やマナー、食材や調理法の知識や食べ物を大切にする心、そして親しい人と楽しく食卓を囲む体験など、家庭の食卓は食育の宝庫です。しかし最近では家庭で食卓を囲む回数が減り、こうした機会が少なくなっていることが懸念されています。社会での基本ルールを教える大切な時期とされる7歳から12歳までの6年間で、家族そろって食事をする回数を週11回とする場合と週7回の場合では、なんと1年間の食事回数の1095回以上の差が出てしまいます。「たかが食事」とは思わず、時間を合わせ、家族そろって食卓を囲む機会をたくさんつくっていきましょう。

1年間の食事回数
3回 × 365日 = 1095回

7～12歳の6年間に家族そろって食卓を囲む回数

週7回（1日1回）の場合
364回（年平均回数）※ × 6年 = 2184回

週11回（1日約2回以上）の場合
572回（年平均回数）※ × 6年 = 3432回

1248回の差が！

※1年365日を週で考えると約52週。52週に7日をかけた値

"こ食"は心と体に赤信号な食べ方です！

孤食（1人だけでさびしく食べる）

好き嫌いを助長し、発育に欠かせない栄養が不足する危険あり。社会性や協調性も身に付きにくい。

個食（家族それぞれ食卓で別のものを食べる）

栄養が偏りがちで好き嫌いも固定化しやすい。他人の意見を聞かず、わがままな性格に育ってしまうことも。

固食（好きな決まったものだけを固定して食べる）

栄養バランスが崩れ、肥満や生活習慣病を引き起こしやすい。

小食（食べる量が極端に少ない）

発育に必要な栄養素や活動するエネルギーが十分にとれない。食べる意欲の欠如は生きる意欲の欠如にもつながり、無気力傾向になる危険がある。

粉食（粉を使った軟らかいものだけを好んで食べる）

かむ力が育たず、あごや歯の発達が不十分になる。粒を食べるご飯の主食に比べると、食べすぎたり、太りがちになりやすい。

濃食（味の濃いものでないと満足して食べられない）

食物本来の味がわからず、味覚が育ちづらい。食塩や油脂のとりすぎにもつながり、生活習慣病になる危険性がある。

作ってみませんか

ししゃもフリッター

6月4〜10日は「歯と口の健康週間」です。いつまでも丈夫な歯でいるためには、好き嫌いをせずバランスよく食べ、食後はしっかり歯をみがくこと、そしてよくかんで食べることが大切です。かむ力を鍛えるおいしいメニューです。

材料　1人分
- ししゃも……………1本
- ホットケーキミックス……………10g
- 水……………12g
- 揚げ油……………適量
- A
  - ケチャップ………6g
  - ウスターソース…4g
  - 砂糖…………0.5g
  - 水……………1g

作り方
① ホットケーキミックスを水で溶く。
② ①をししゃもにつけて180℃の油で揚げる。
③ Aでマリアナソースを作って添える。

食育だより  6月号

（毎月19日は食育の日） 学校

　6月は「食育月間」です。食べることは、生きるために欠くことのできないものであり、健康で心豊かな生活を送るためにとても大切なことです。子どもの時期の食生活は、その後の心身の成長に大きな影響を与えます。この機会に、日頃の食事のとり方や生活習慣について見直してみましょう。

6月は「食べる」ことについて考えてみましょう！

　「知育」「徳育」「体育」の基礎となる「食育」。さまざまな経験や学習を通して、生きるために必要な「食」に関する基本的な知識と、「食」を自ら選択できる力を身に付け、生涯にわたって健康的な食生活を実践できる人を育てていきます。

参照：『食育ガイド』（内閣府）

　学校でも教育活動全体の中で「食育」を推進していますが、毎日の暮らしの中で、家庭でもぜひ意識して取り組んでいただくことが大切です。家庭での食についても、ぜひこの機会に話し合ってみましょう。

歯を大切にしよう！

6月4日から10日までの1週間は「歯と口の健康週間」です。歯は一生使い続けるものです。いつまでも自分の歯で食べ続けられるように、歯の健康を守り、丈夫にする食生活を心がけましょう。

よくかむと、だ液がたくさん出て、むし歯を防いでくれます。

食べたら歯みがきをして、歯についたよごれを落としましょう。

おやつをだらだら食べていると、歯が弱くなって、むし歯になりやすくなります。

歯を丈夫にしてくれる牛乳・乳製品や小魚、海そうなどを食べましょう。

作ってみませんか

豚肉の金山寺みそ焼き

「金山寺みそ」はなめみその一種で、もともと夏野菜を冬に食べるための保存食だったといいます。鎌倉時代に南宋から帰国した禅僧が、和歌山県湯浅町に伝えた「径山寺味噌」が起源とされています。埼玉県秩父地方では、「はしをなめてしまうほどおいしい」と「おなめ」ともよばれていたそうです。これからの暑さに負けないよう、スタミナたっぷりの豚肉と合わせました。

材料　1人分

豚肉ロース切り身	1枚 (50g)
金山寺みそ	6g
トマトケチャップ	2.5g
しょうゆ	1.5g
酒	1g
みりん	1.5g

作り方
① 調味料を合わせて漬けだれを作る。
② 豚肉を①に漬け込む。
③ 180℃のオーブンで②を焼く。

中・高等学校向け　6月

歯の健康を守ろう！

子どもの歯（乳歯）から大人の歯（永久歯）になり、すべて生えそろうのは、12歳から16歳の間です。ちょうど中学生の時期に当たります。歯の健康を保つ習慣をしっかり身に付けましょう。

●よくかんで食べる

よくかむことでだ液がよく出て、口の中を中性に保ち、むし歯になりにくくなります。また早食いは太りすぎの原因にもなるので気をつけましょう。

●かみごたえのあるものを食べよう！

かむ力を鍛えるためにも、やわらかいものばかりではなく、かみごたえのある野菜やシーフード、ナッツ類などを食事に取り入れましょう。

●時間を決めて食べる

だらだら食べをすると、口の中がいつまでも酸性の状態が続き、歯が溶けやすくなります。むし歯の原因になります。

●食べたら歯みがき

むし歯は、口の中に残った食べ物のかすをもとにむし歯菌が酸を作り、歯を溶かすことによって起こります。「食べたら歯みがき」の習慣をつけましょう。

●ジュースも要注意！

ジュースなど甘い飲み物には、酸性のものが多く、だらだら飲むとむし歯の原因になります。また飲んだ後は水やお茶で口をさっぱりさせましょう。

●鏡を見ながら歯みがきしよう

みがき残しがないよう、鏡を見ながら歯みがきする習慣を付けましょう。歯茎にはれがないかもチェックしましょう。

●栄養バランスのとれた食事を

健康な歯を保つためには、カルシウムだけでなく、たんぱく質やビタミン類などの栄養素を、毎日の食事からバランスよくとる必要があります。

 中・高等学校向け 6月

食べて むし歯 予防！

6月4〜10日は、歯と口の健康週間です！

6月4日から歯と口の健康週間が始まります。食べ物や食べ方に注意することでも、むし歯の予防ができます。

かみごたえのあるものを食べよう

根菜類（ごぼう、大根、にんじんなど）や いか、たこなどのシーフード、ナッツなど種実類などをよくかんで食べると、だ液がたくさん出て、口の中がきれいになります。

だらだら食べをやめよう

間食（おやつ）は時間を決めて食べましょう。またジュースをだらだら飲んだり、あめをなめ続けていたりすると、口内が酸性に傾き、歯の表面が溶けて、むし歯になりやすくなります。

梅雨どき の衛生に気をつけよう！

Clean & Safety!

雨が続き、気温や湿度も上がってきています。身の回りの衛生に気をつけ、安全においしく給食を食べたいですね。

◆せっけんで手をしっかり洗おう　◆つめを切ろう　◆身支度をきちんとしよう

指と指の間、つめの間、手首などすみずみまでせっけんでていねいに洗いましょう。

つめの間には汚れがたまりやすいので、伸びたつめは切って清潔に保ちましょう。

白衣やエプロン、帽子、そしてマスクとハンカチ。身支度をきちんとして安全に配膳しましょう。

タイトルイラスト

"給食だより"も収録されています

カラーイラスト

身の回りの衛生に気をつけよう！

夏至

カラーイラスト（中学・高等学校向け）

学校の食育・6つの視点

食事の重要性、喜び、楽しさを理解する

望ましい栄養や食事のとり方を理解し、自ら管理・実践できる

正しい知識・情報で食品の品質・安全性等について判断できる

食べ物を大切にし、生産等にかかわる人たちに感謝できる

食事を通して豊かな人間関係を築き、育むことができる

食文化や食の歴史を理解し、尊重する心をもつ

7月

食育だより  7月号

（毎月19日は食育の日）　　　　　　　　　　　　　　　　学校

梅雨が明け、夏雲がわいてくるといよいよ本格的な夏の到来です。楽しみにしている夏休みもはじまります。休み中はふだんの生活リズムが崩れやすく、また暑さで食欲もなくなりがちです。このようなときこそ朝ごはん、昼ごはん、夕ごはんの3食を規則正しい生活へと導くガイドにして、栄養バランスのとれた食事をすることが大切です。

1学期の給食は＿＿日（＿）までです。休み明け、またみなさんのすてきな笑顔に会えることを楽しみにしています。

食事のマナー、できていますか？

「マナー」とは、もともと「手」を意味するラテン語からできた言葉です。道具を手で扱うことから「作法」を意味するようになり、今では人に対する態度についてもいわれる言葉です。マナーの基本は相手の立場になって考え、気持ちを思いやること。毎日の給食でもみんなが気持ちよく食べられるように、マナーの意味を考え、しっかり守りましょう。

こんなことしていませんか？

食器やはしを正しく持っていますか？

正しいはし使いは、上手にそして美しく食べるための近道です。茶わんやおわんは手に持って食べましょう。

好き嫌いをして食べていませんか？

もし自分が一生懸命に作ったものが食べられずによけられたら、どう思うでしょう。健康のためにもひと口でも食べてみましょう。

口に入れたまま話をしていませんか？

周りに食べ物が飛び散ります。もし自分のお皿にそんなものが入ったら、本当にいやですね。気をつけましょう。

食べている途中で立ち歩いたりしていませんか？

食べている途中で席を立ったり、友だちとふざけたりすると、周りにいる人は気になって、落ち着いて食べることができません。

食事中にふさわしい会話をしていますか？

汚い話や気持ちが悪くなるような話をされてしまっては、おいしい料理がだいなしです。話す声の大きさにも注意しましょう。

楽しい雰囲気で食事ができていますか？

みんなで楽しく食べるには、相手のことを考え、お互いが気持ちよく食べることができるマナーをしっかり守りましょう。

暑い夏、こまめに水分補給を

汗をたくさんかく夏は、水分の補給が欠かせません。この時季とくに心配される熱中症を防ぐためには、のどが渇く前にこまめに水分補給することが大切です。

●なぜ必要なの？

人間の体重の約6〜7割が水分です。水は体の中で栄養物質を運んだり、体に不要なものを汗や尿として外に出すときに欠かせません。さらに汗をかくことで体温が調節されます。そのため体重の3％以上の水分が失われると、この体温調節機能に影響が出るといわれます。

●のどが渇く前にこまめに

「のどが渇いた」と思ったときは、すでに体の水分は不足しています。スポーツをする人は運動前、そして運動中も時間を決め、こまめに水分補給します。運動前後での体重の変化やおしっこの色などにも気をつけ、体調を管理しましょう※。

●どんなものを飲めばいい？

ふだんは糖分やカフェインを含まない水や麦茶が水分補給には適しています。ただ冷たすぎると胃腸のはたらきを弱めます。5〜15℃くらいが適した温度といわれます。運動などをして大量に汗をかいたときには、スポーツドリンクなどを上手に活用しましょう。

※練習の前後で体重を量り、表などに記録しましょう。翌日の練習前に、少なくとも減った分の80％は回復しているようにします。回復していなければ「水分補給が足りない」「食事が足りない」「睡眠不足」などの原因を見つけて改善します。また、おしっこの色が運動後にふだんより濃くなっていれば水分が不足している、薄くなっていれば水分が多いということです。

＼給食室から／

4月からの1学期の学校給食へのご協力、ありがとうございました。

1学期の給食は7月＿＿日（＿）まで、また休み明けの給食は＿＿月＿＿日（＿）から始まる予定です。

楽しい夏休みをお過ごしください。

食育だより  7月号

（毎月19日は食育の日） 学校

梅雨が明けると、いよいよ本格的な夏がやってきます。暑くなると食欲もおとろえがちですが、1日3回の食事をしっかりとって暑さに負けない体をつくりましょう。

夏の食生活、こんなところに気をつけて！

朝ごはんをしっかり食べよう！

朝ごはんは1日をスタートさせる大切な食事です。ご飯や汁物のおかずからも暑い夏には欠かせない水分補給ができます。

こまめな水分補給を心がけよう！

夏の水分補給のコツは、「のどがかわく前に少しずつとる」です。ふだんは水や麦茶などでとるのがよいでしょう。

夏野菜をたっぷり食べる！

夏の太陽を浴びて育った夏野菜はビタミンや無機質（ミネラル）がいっぱいです。水分も多く、「食べる水分補給」にもなります。

肉や魚など主菜のおかずをしっかり食べる！

のどごしのよいめんや冷たいサラダばかり食べていては栄養バランスが崩れてしまいます。揚げ物やカレー、スパイスを効かせたエスニック料理などを上手に取り入れ、主菜のおかずもしっかり食べましょう。

冷房のかけすぎ注意！

体を冷やし体調を崩すことがあります。朝夕の涼しい時間には外で体を動かしたり、暑い日中でも扇風機を利用して温度を下げすぎないようにする。また就寝時はタイマーを使うなど工夫してみましょう。

食中毒に気をつける！

夏は細菌による食中毒が多く発生します。食事や調理前の手洗いは必ず行い、生ものは避け、中までよく火を通してから食べましょう。冷蔵庫を過信せず、できた料理はなるべく早く食べきりましょう。

楽しく会食しよう！

教室で先生やクラスの仲間と一緒に食べる給食は楽しいですね。みんなが気持ちよくおいしい給食を食べられるように次のことに気をつけましょう。

身の回りをきれいにしてから食べる	机の上を片付け、ごみは拾って捨てましょう。気持ちよく食事ができるようにお互い心がけましょう。
好き嫌いをしないで食べる	栄養がとれないだけでなく、「食事が楽しくないのかな」と周りの人をいやな気持ちにさせます。
大声を出さず、立って歩き回らない	自分だけ楽しくても周りの人が迷惑します。気持ちにゆとりをもち、落ち着いて食べましょう。
よく味わって、おいしくいただく	「おいしい」という言葉は食べる人だけでなく、周りの人や作ってくれた人も幸せにします。よくかみ、味わって食べましょう。
話す内容に気をつける	聞いた人がいやな気持ちになる話は、食事の場にふさわしくありません。話題を選び、だれもが楽しく食べられるようにしましょう。
周りの人とペースを合わせて食べる	1人だけ早く食べ終わったり、逆にいつまでも食べていたりしないよう、周りの人の様子を見て食べるスピードを合わせましょう。

7月

作ってみませんか

夏野菜のミートソーススパゲティ

夏が旬のなす、ズッキーニ、トマトを使ったミートソーススパゲティです。なすとズッキーニは油で揚げて食べやすくしています。おいしく食べて夏を元気に過ごしましょう。

材料　1人分
※ミートソースのみ

豚ひき肉	30g
にんにく	10g
たまねぎ	32g
油	1g
なす	22g
ズッキーニ	21g
揚げ油	適量
トマト	21g
ホールトマト缶	15g
マッシュルーム	5g
トマトケチャップ	25g
中濃ソース	3g
粉チーズ	4g
砂糖	0.8g
コンソメ	0.5g
小麦粉	3g

作り方
①にんにく、たまねぎは、みじん切りにする。
②なす、ズッキーニは厚めのいちょう切りにし、油で素揚げする。
③トマトは粗みじん切りにし、ホールトマトはくずしておく。
④なべに油をひき、ひき肉をいためる。①を加え、さらにいためる。
⑤マッシュルーム、③と調味料を加えて煮込む。
⑥②を加え、味を調え、水で溶いた小麦粉を加えてとろみをつけて仕上げる。
※ゆでたてのスパゲティにかけていただきます。

食育だより　7月号

（毎月19日は食育の日）　　学校

　湿度の高い、暑い日が続いています。疲れがとれない、食欲がわかないなど夏ばてぎみの人はいませんか。夏ばてを防ぐためには、規則正しい生活と栄養バランスのとれた食事をすることが基本となります。早寝・早起きをして、しっかり朝ごはんを食べ、これからますます暑くなる夏を元気に過ごしましょう。

暑い夏を乗り切るぞ！夏の食事ポイント

　蒸し暑い日が続くと睡眠不足になりやすくなります。また冷たいものや水分を多く取りがちになるので胃腸のはたらきが弱まり、そのままでは食欲も衰えてしまいがちです。こうしたときこそ、食事作りでちょっと工夫をしてカバーをしていきたいですね。

夏野菜＋香味野菜を活用！

　夏はなす、きゅうり、トマト、さやいんげんなどの夏野菜がたくさん出回ります。夏野菜には水分がたっぷりなので「食べる水分補給」ができます。同じく夏においしいしょうがやみょうが、しそ、にんにくなどの香味野菜を刻んだものを添えたり、かくし味に使って味にアクセントをつけます。

レモンの酸味を利用！

焼き魚やてんぷらのつけ汁、スープ、おひたしなどにレモンの絞り汁をかけます。さわやかな香りと酸味が食欲をそそります。

カレーマジックでもりもり！

野菜いためなどいつもの料理もカレー粉のひとふりで華麗に大変身します！にんにくやしょうがも炒め物の風味を増してくれます。

よくかんで食べて夏ばて予防！

7月14日はパリ祭。フランス革命の記念日です。フランスといえば硬いフランスパンが有名ですが、最近では日本のようにふわふわのやわらかいパンが好まれる傾向が見られるそうで、フランス政府は「フランスパンを基調にした伝統的な食生活を取り戻し、丈夫な歯でいつまでも健康で長生きしよう」とよびかけているそうです。

給食でもパンのみみなどの硬い食べ物を残してしまう人をときどき見かけます。そうした人は知らず知らずのうちに健康のチャンスを手放してしまっているかもしれません。かみごたえのある硬い食べ物を何回もよくかんで食べることで、あごや口のかむ力が鍛えられ、歯並びもよくなります。またただ液がたくさん出るのでむし歯を防いだり、胃腸のはたらきを助けてくれます。夏はとくに冷たい飲み物の取りすぎなどで胃腸が弱くなりがちです。食事のすぐ前の水分補給はほどほどにして、よくかんで食べることで元気に夏を乗り切りましょう。

作ってみませんか

北海道の郷土料理です。「いも団子」に使うじゃがいもは、北海道の涼しい気候に合った作物として明治の開拓期から栽培が進められ、現在、北海道はじゃがいもの生産量が全国第1位です。「いも団子」はゆでたり、蒸したじゃがいもをつぶして、かたくり粉と混ぜて作ります。これを野菜と煮込んで作るのが「いも団子汁」です。おもにエネルギーのもとになるじゃがいもですが、ビタミンCも多く含み、でんぷんで覆われているため加熱に強い特徴もあります。水分とビタミン補給をかねて季節を問わずおいしくいただける汁物です。

材料　1人分

じゃがいも	40g
塩	少々
かたくり粉	8g
鶏もも肉（こま切れ）	5g
酒	少々
ごぼう（ささがき）	5g
にんじん（いちょう切り）	10g
大根（いちょう切り）	15g
ねぎ（ななめ切り）	5g
炒め油	少々
酒	少々
しょうゆ	4g
塩	少々
こんぶ	1g
削り節	2g
水	1カップ強

いも団子汁

作り方

① こんぶ、削り節、水でだしをとる。
② 鶏もも肉には酒をふっておく。
③ じゃがいもは火の通りやすい大きさに切って蒸し、蒸し上がったら熱いうちに塩とかたくり粉を入れてよくこねる。
④ ③を棒状にまとめたものを1cmの幅に切り、ゆでる。
⑤ 鍋に油を熱し、②の鶏もも肉、ごぼう、にんじん、大根を炒め、①のだし汁で煮る。
⑥ ④のいも団子を汁の中に入れ、味を調える。仕上げにねぎを入れる。

中・高等学校向け　7月

夏の水分補給 5W1H

Why?

人間の体の60〜70%は水分です。気温が高くなる夏は、発汗などで水分が失われやすく、補わないと脱水になり、体温調節能力や運動能力が低下します。熱中症になる危険性もあるのです。

60%

Who?

熱中症にかかる人は、すべての年代で男性のほうが圧倒的に多いのが特徴です。女性に比べ、男性は水やお茶を飲む習慣がないことも影響していると考えられています。

When?

寝起き、就寝前、入浴前、そして運動前など"汗をかく前"に補給するのがポイントです。「のどが乾いた」と感じる前にこまめに補給します。部活中でも水分補給の時間をあらかじめ決めておくとよいでしょう。

Where?

熱中症の事故は、屋外だけでなく、屋内で発生するケースも多いのです。閉めきった体育館、マンションなど住宅内でも発生します。急に気温が上がった日など、体が暑さに慣れていないときがとくに危険です。

What?

基本的には水かお茶で水分補給します。運動してたくさん汗をかいたときはスポーツドリンクなど適度に塩分・糖分を含んだものを飲むとよいでしょう。ジュースなど糖分の多いものは水分補給には向きません。

How?

一度にたくさん水分をとると消化器官に負担をかけます。コップ1杯ほどをゆっくりこまめに飲みましょう。また運動する人は運動前と後に体重を量って、体重減少が2%を超えないよう注意するとよいでしょう。

CAUTION!

運動したときや、暑さでたくさん汗をかいたときなどは別ですが、ふだんから水代わりにスポーツドリンクを常用していると、糖分や塩分のとりすぎにつながってしまうことがあります。注意しましょう。水分は食べ物からも補給できます。ご飯やめん、汁物、夏野菜、すいかなども上手に活用しましょう。

中・高等学校向け　7月

暑い夏 適度に水分補給をしよう!

水は生きていくうえで欠かせないものです。成人では1日2〜3リットルの水分が必要とされます。体の水分は汗や尿として出てしまうため、暑い夏や激しい運動を行うときには、こまめに水分補給をする必要があります。

■水分の補給法

●3回の食事からしっかりとる!

水分を補給するのは飲み物ばかりではありません。ご飯は半分以上が水分です。みそ汁やスープ、生野菜からも摂取できます。1日3回の食事をしっかり食べることも、じつは大切な水分補給法なのです。

●野菜や果物からとる!

野菜や果物は90%近くが水分です。とくに夏が旬の野菜や果物はとくに水分が豊富で、汗で失われる無機質(ミネラル)やビタミンの補給にも役立ちます。飲むだけでなく、「食べる」水分補給も活用していきましょう。

●適温は5〜15℃

スポーツ中の水分補給に適切な水温は5〜15℃だそうです。冷やしすぎは体によくありません。専用のボトルを活用してもいいですね。また炎天下に飲み物を放置すると食中毒の原因になります。気をつけましょう。

5〜15℃

●のどが渇く前に飲む!

「のどが渇いたな」と感じたときには、もう体の水分は不足気味です。こまめに少しずつ飲むのがポイントです。

●一度にたくさん飲まない!

一度にたくさん飲むと胃や腸に負担をかけ、食欲をなくす原因になります。コップ1杯ほどをひと口ずつゆっくり飲んでください。

●ジュースや炭酸飲料はNG ふだんは水か麦茶で!

糖分の多い飲料は、体への水分補給を逆に妨げます。さらに飲みすぎは太りすぎにつながることも。ふだんは水やカフェインのない麦茶が水分補給には適しています。急に汗をたくさんかいたときは、スポーツドリンクも上手に活用しましょう。

タイトルイラスト

"給食だより"も収録されています

カラーイラスト

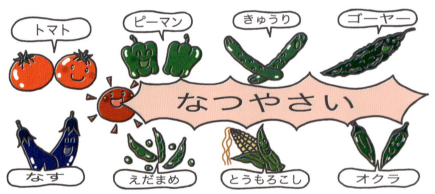

こまめに水分補給をしよう！

のどがかわく前に飲む

少しずつこまめに

ふだんの水分補給は水かお茶で

七夕そうめん

かばやき

大暑

海開き

カラーイラスト（中学・高等学校向け）

8月

食育だより

8月号

（毎月19日は食育の日）　　　　　　　　　　　　　　　　　学校

楽しい夏休みが終わりました。元気に新学期を迎えることができましたか。休み中、生活が不規則になって、なんとなくやる気がなくなっている人は、朝、昼、夕に栄養バランスのとれた食事をし、夜は早めに休んで十分な睡眠をとって生活リズムを整えて、いつもの元気を早く取り戻しましょう。

"旬"を知って、かしこく、やさしく、健康に！

「旬」という言葉を知っていますか？「旬」とは食べ物が1年中で一番多くとれ、新鮮でおいしく食べられる時期のことです。「旬」と聞くと「高い」という印象を持つ人がいますが、これは正しくは「旬の走り」とか「初物」とよばれるもので、たくさん出回る前で珍しがられて値段が高くなります。本当の旬の食べ物は、たくさんとれるので値段が安くなり、味もよいなどメリットがたくさんあります。

旬の食べ物のよさ

季節のおたより！

季節の移り変わりを食べ物を通して感じられます。その季節を健康に過ごすための栄養もたっぷりです。

地球にやさしい！

自然の恵みで、石油などのエネルギーをあまり使わずに栽培できます。

生活にうれしい！

季節の移り変わりが感じられ、食卓を楽しくします。手ごろな値段で家計にもうれしいですね。

食べておいしい！

とれたてがすぐに食べられ、昔からおいしく食べるための料理の知恵も伝わっています。

休み明けの生活をリフレッシュ！

2学期を元気に迎えることができましたか？　夏休みにおちいりやすい食生活と、それをリセットして元気にリフレッシュするための方法を紹介します。

朝ごはんが食べられない

解決法
早起きする日を決め、その日は早く寝て、「早寝・早起き」のよいリズムをつくる。

おやつをだらだら食べる

解決法
おやつの時間を決め、お皿やコップなどで1回の量を決めて食べる。

元気にリフレッシュ！

解決法
夕食を食べたらすぐに歯みがきをし、気持ちにけじめをつける。

夜おそくまで食べている

解決法
いろいろな食べ物が入っている給食を楽しく食べる。材料や料理の名前を先生に聞いてみる。

好きなものばかり食べる

8月

食育だより   8月号

（毎月19日は食育の日）　　　　　　　　　　　　学校

暑い日が続きますね。人間の体の60〜70％は水分で満たされています。水分不足は体に悪影響を及ぼします。正しい効果的な水分補給法を知り、夏を元気に過ごしましょう。

のどがかわいたとき、何を飲んでいますか？

暑い夏は、甘くて冷たい清涼飲料水（ジュース）を口にする機会が多くなります。しかしおいしく飲みやすいからといって、水代わりに飲み続けていると、糖尿病など生活習慣病のリスクを高めてしまいます。水分補給はどのように行ったらよいのでしょうか。

清涼飲料水（ジュース）の注意点

水分補給に向かない

糖分の多い飲料は水分が体に吸収されにくい。普段は水か麦茶で。汗がたくさん出たときはスポーツドリンクを上手に使おう。

食欲がわかなくなる

血液中の糖分の量（血糖値）が急に上がり、脳に栄養が満たされたと間違えてしまう。食事が不規則になり、夏ばての原因にもなる。

生活習慣病の原因に

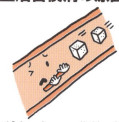

血糖値が上がると血管が傷つきやすくなる。糖尿病や高血圧、動脈硬化など、将来生活習慣病になるリスクを高める。

体が疲れやすく、のどもかわきやすい

ひどい場合は、急性の糖尿病「ペットボトル症候群」になってしまう危険性もある。

むし歯になりやすい

口の中では、砂糖水で歯がすすがれた状態になる。飲んだ後は、うがいや歯みがきを必ずしよう。

太りすぎの原因に

使われなかった余分な糖分は、体内で脂肪に変えられ、たくわえられてしまう。

清涼飲料水はおやつに楽しむ程度で。コップに注いで量を決めて飲もう！

夏の健康を守る　夏野菜

　暑い日が続く夏の健康を守ってくれるのが、夏に旬を迎える夏野菜たちです。野菜に含まれているたっぷりの水分、ビタミン、無機質（ミネラル）、食物せんいをはじめ、体によいはたらきをすることが期待されている野菜特有の機能成分（ファイトケミカル）も発見され、注目を集めています。

かぼちゃ
ビタミンエース（A、C、E）が豊富。栄養は野菜でトップクラス。

オクラ
ビタミンAが多い。ネバネバ成分は食物せんい。胃腸も守ってくれる。

なす
油をよく吸うので炒めものに。各地にさまざまな「ご当地なす」がある。

とうもろこし
主食として食べる国も。エネルギーをつくるときに欠かせないビタミンB₁、B₂も含む。

トマト
うま味成分たっぷり。赤色のもとリコピンにも健康効果が期待されている。

ピーマン
ビタミンCが豊富。におい成分には血液サラサラ効果も期待されている。

しそ
ビタミンA（カロテン）とカルシウムの含有量は野菜でもトップクラス。

ゴーヤー
ビタミンCが多く、苦み成分には胃を丈夫にし、食欲を増進させる効果も期待されている。

えだまめ
豆と野菜のいいとこどりの食べ物。大豆にはないビタミンCが含まれている。

きゅうり
水分がとても多く、食べる水分補給に。カリウムはむくみ防止に役立つ。

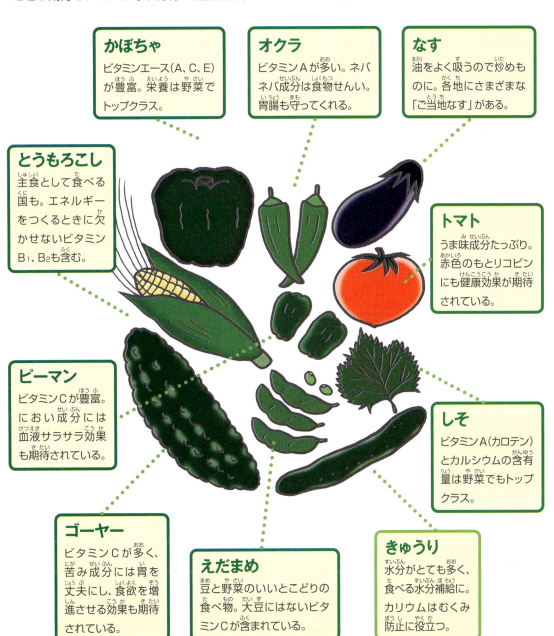

8月

　8月31日は「野菜の日」です。さまざまな野菜に興味をもち、季節の旬の野菜をおいしくいただきましょう。

食育だより  8月号

（毎月19日は食育の日）　　　　　　　　　　　学校

夏休みは自分で自由に使える時間が増えます。その分、しっかり自分で気をつけながら生活リズムを守ったり、食事の栄養バランスを整えていかないと、夏ばてになったり、体調をくずしてしまいます。休み中を楽しく有意義に過ごすためにも、また元気に新学期を迎えるためにも、日頃の食生活に気をつけましょう。

生活リズムを整えよう！

- 学校がある日もない日も大体、同じ時間に起きている。（はい・いいえ）

生活リズムが乱れると、集中力が続かない、体の調子をくずしやすくなるなど、心や体のトラブルを招きやすくなります。元気に毎日を過ごすために生活習慣を見直してみましょう。

- 朝ごはんは毎日食べている。（はい・いいえ）
- ふだんから体をよく動かしている。（はい・いいえ）
- 1日3食を決まった時間に食べている。（はい・いいえ）
- 寝る直前まで光る画面を見たり、ゲームをしたりしないように心がけている。（はい・いいえ）
- 夜食は食べないか、寝る2時間前までには食べるのをやめている。（はい・いいえ）
- おやつは食べる時間と量を決めて食べている。（はい・いいえ）
- いつも大体、同じ時間に寝ている。（はい・いいえ）

「はい」はいくつありましたか？「はい」の数を1つでも多くできるようにしたいですね。

舌の健康、考えたことはありますか？

舌は、食べ物をおいしく食べるためにとても大切なはたらきをしています。舌が健康でないと、おいしく味わえなくなったり、味がよくわからなくなって栄養バランスに偏りを生じる原因になることが心配されています。

【亜鉛を多く含む食品】

かき、ほたてがい、煮干し、するめ、豚レバー、牛肉（赤肉）、凍り豆腐、わかめ、ごま、カシューナッツなど

【舌にやさしい食生活】
①薄味を心がけましょう。
②多種類の食品を好き嫌いなく食べましょう。
③辛すぎるものを控えましょう。
④熱すぎるものは、少し冷ましてからいただきましょう。
⑤亜鉛を含む食品が不足しないようにしましょう。
⑥加工品・インスタント食品に偏らないように気をつけましょう。

作ってみませんか

夏においしい歯ごたえのあるいかは、「かみかみ献立」にうってつけの食材です。調味料に漬けてから焼くので、こげ付きに注意します。また焼きすぎるとかたくなってしまうので注意してください。しょうがとにんにくの香りが、食欲をそそる一品です。

いかの香味焼き

材料　1人分
- ロールいか……………1本
- おろししょうが………少々
- おろしにんにく………少々
- 長ねぎ………25g（10cmくらい）
- みそ……………………大さじ1強
- みりん…………………小さじ1
- しょうゆ………………小さじ1
- 炒め油…………………適宜

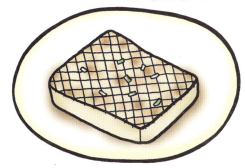

作り方
① ロールいかを4等分し、表面に鹿の子に切れ目を入れておく。
② 長ねぎをみじん切りにする。
③ いか以外の材料を混ぜ合わせ、その中に①で切ったいかを漬け、冷蔵庫の中で30分くらいおく。
④ フライパンを熱して油をひき、弱火で③で漬けたいかの両面を焼く。ほんのりこげ目がついたら、出来上がり！

8月

夏休みこそ、毎日 牛乳！

　給食がない夏休みは、普段にも増して自分の食生活にしっかり気を配りましょう。牛乳や乳製品は、暑さに負けない体をつくり、成長期のみなさんにとって大切なカルシウム源となる食品です。冷蔵庫に常備し、食事やおやつで積極的にとりましょう。乳アレルギーのある人は、代わりに大豆製品、小魚、海そうなどでしっかりカルシウムを補給しましょう。

●カルシウム貯金で骨量を増やす

骨の丈夫さを示す骨量は10代の成長期にどんどん増加します。大人になると骨量を増やすことが難しくなります。今の時期にしっかり「カルシウム貯金」をしておきましょう。

●カルシウムの体への吸収率がとてもよい牛乳・乳製品

牛乳に含まれるカルシウムは、他の食品に含まれるカルシウムに比べ、体内への吸収率が高いことが知られています。

●牛乳は栄養のカクテル

牛乳にはたんぱく質、炭水化物（糖質）、脂質がバランスよく含まれ、ビタミンA、ビタミンB₂も多く含んでいます。牛乳を飲むことで1日の栄養バランスが、整いやすくなります。

●牛乳を飲んでも太らない！

「牛乳を飲むと太る」というイメージがありますが、さまざまな調査から、牛乳をよく飲む人の方が肥満や体脂肪の増加が抑えられているということがわかっているそうです。詳しいしくみは今、解明中だそうです。

●骨の成長には運動と睡眠も大切

骨の成長には栄養だけでなく、体を動かすことが大切です。跳んだりはねたりして骨に地球の重力がかかると骨量が増えることが知られています。さらに骨の成長を促すホルモンは、寝ているときに分泌されます。夜更かしせず、毎日十分な睡眠をとることもとても大切です。

●牛乳で暑さに負けない体と筋肉を

やや強い運動をした後で、牛乳を飲む習慣を続けていると、血液の量が増えて汗をかきやすい体になり、夏の熱中症予防に有効だといわれます。また運動した後、2〜3時間以内に牛乳を飲むと、筋肉をつくるはたらきを助けてくれることも知られています。

 中・高等学校向け 8月

食品の表示を知ろう！

夏休み、お昼やおやつを外食する機会が多くなります。食品の表示について知り、健康づくりに役立てましょう。

●食品表示

生鮮食品には名称と原産地、加工食品には名称、原材料名、添加物、内容量、期限表示（消費期限または賞味期限）、保存方法、製造者等が表示されます。輸入品には原産国名等も表示されます。

原材料名は使われる重量の大きいものから順に並んでいます

名　　称	スナック菓子
原材料名	じゃがいも(遺伝子組換え〜)、砂糖、食塩、ぶどう糖、クリーム、デキストリン、酵母エキスパウダー、オニオンパウダー、ガーリックパウダー、はちみつパウダー、バター／香料(大豆を含む)、調味料(アミノ酸等)、酸味料、甘味料(スクラロース、アセスルファムK)、酸化防止剤(V.〜)
内容量	38g
賞味期限	この面の下部に記載
保存方法	直射日光の当たる所、高温多湿での保存はさけてください。
製造者	
加工所	

どちらも未開封で、表示された方法で保存した場合の保存期間です。開封したら、早めに食べきりましょう

消費期限 27.06.21
CC

賞味期限 27. 7.25
製造日 24. 4.25
04309 RCL06

●消費期限と賞味期限

「消費期限」は、弁当やパンなど、品質が悪くなるのが速いものに表示されます。この期限を過ぎると、衛生上の危害が生じる可能性が高くなります。
「賞味期限」は、缶詰やスナック菓子など、未開封の状態で品質が比較的長く保持できる食品に表示されます。品質の劣化が遅いことから、この期間を過ぎてもすぐに食べられなくなるわけではありません。

●栄養成分表示

加工食品には、「栄養成分表示」があり、「エネルギー（熱量）、たんぱく質、脂質、炭水化物、ナトリウム（食塩相当量）」の5つが必ず表示され、「飽和脂肪酸、食物繊維」の2つも表示が推奨されています。またミネラル（カルシウムなど）やビタミン（ビタミンC）など任意で表示される栄養成分もあります。
また「強調表示」といって、「○○含有」、「砂糖不使用」など健康の保持増進に関わる栄養成分を強調する表示もあり、基準を満たした食品にだけ使われています。

見るときは栄養成分表示の単位（100g当たりか、1袋／本か）にも気をつけましょう。実際に食べる量に当てはめ、計算し直して活用しましょう

栄養成分表示（1袋38g当たり）
エネルギー	220 kcal
たんぱく質	2.2 g
脂質	14.9 g
炭水化物	19.3 g
食塩相当量	0.2 g

タイトルイラスト

"給食だより"も収録されています

カラーイラスト

なつやすみのおてつだい

生活リズムをとりもどそう

早おき

朝ごはんをしっかり食べる

よく体をうごかす

おやつは時間を決めて！

早めに休む

8月

野菜となかよく！

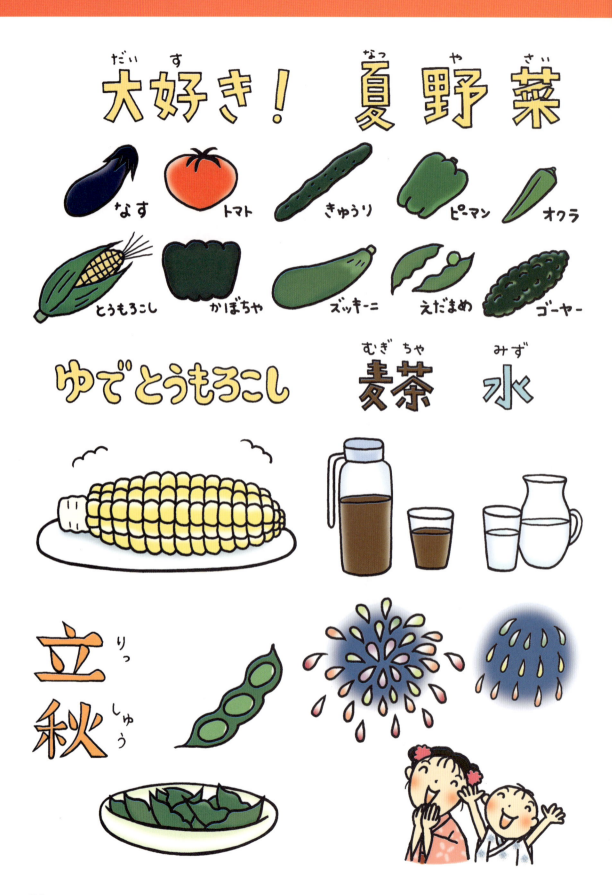

野菜のとってもいいところ！

8/31 やさいの日

季節感が味わえる

 はる

 なつ

 あき

 ふゆ

ビタミン、無機質（ミネラル）食物せんいがいっぱい！

色や香り、成分も健康づくりに役立つ！（ファイトケミカル）

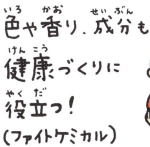

ふるさとが感じられる

8月

処暑

カラーイラスト（中学・高等学校向け）

8月31日は野菜の日
野菜のよいところ

季節感が味わえる！

ビタミンや無機質（ミネラル）、食物繊維がいっぱい！

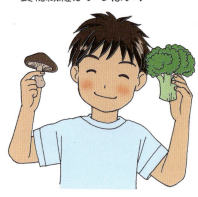

色や香り成分（ファイトケミカル）も健康づくりに役立つ！

1日350gをとろう！

350gってどのくらい？

生で刻んで両手で3杯くらいの量です。そのうち緑黄色野菜（ほうれん草、ブロッコリー、トマト、ピーマン、にんじんなど）を全体の約3分の1、120gを目安にとりましょう。

朝食を食べないと不足しがちに

1日350gとるとすると、1食で約120g。生野菜で両手1杯、加熱した野菜で片手1杯の量です。朝食からしっかりとっていかないと不足します。

9月

食育だより  9月号

（毎月19日は食育の日） 学校

秋の野に　咲きたる花を　指折り（およびおり）　かき数ふれば　七草の花

秋にも春と同じように七草があります。萩、尾花（ススキ）、葛、撫子、女郎花、藤袴、桔梗です。芸術の秋、文化の秋のはじまりです。今月は敬老の日、十五夜、お彼岸があり、伝統的な食文化にふれる機会も多くなります。またなんといっても味覚の秋。魚やくだものがおいしい時季です。朝ごはんをしっかり食べて生活リズムを整え、充実した2学期をスタートさせましょう。

大切ですよ朝ごはん！

一日のスタートは朝ごはんから。これまでの食育の取り組みで、朝ごはんをまったく食べない子どもの割合は20年前よりだいぶ減っていますが、若い世代で朝食をとらない人の割合がなかなか減りません。もう一度、朝ごはんの大切さについて考えてみましょう。

体を目覚めさせる！

食事をすることで体が温まります。またかむ動作が脳の血流をよくし、脳の活動を活発にします。体内に入った食べ物を消化するために内臓も活動し始めます。

脳のエネルギー源となり、午前中の学習に集中できる！

脳のエネルギー源は、主食に多いでんぷんを分解してできるブドウ糖です。ブドウ糖は体にあまり貯蔵できないため、食事から補う必要があり、とくに朝の食事は大切です。

健康的な生活リズムをつくり、すっきり排便ができる！

長い休みで崩れた生活リズムをもとに戻すカギも朝ごはんです。決まった時間に食べることがよい生活リズムをつくります。食べ物が胃腸を刺激し、すっきり排便ができます。

1日の食事の栄養バランスがとりやすくなる。

1日にとるべき野菜の量は大人で350gといわれますが、昼食と夕食だけでとろうとすると大変です。朝食を食べる習慣はバランスのよい栄養素や食品摂取にも関係します。

日本の食生活の知恵を知ろう！ ～敬老の日～

世界一の長寿国、日本。四方を海に囲まれ、春、夏、秋、冬の季節ごとにとれる自然の産物を上手に利用して、私たちの祖先たちはこの国の風土に適した料理を作り上げてきました。とくにご飯を中心に、魚介類、野菜、海そうをよく食べる日本料理は、今、そのヘルシーさで世界から注目されています。

「まごはやさしい」で日本の伝統的な食べ物のよさを知りましょう。

ま
豆類。とくにご飯と大豆のおかずを組み合わせると、たんぱく質の質が高まります。

ご
ごまなどの種実類。小粒でも高エネルギーで、体によいあぶらも含まれます。

(は)わ
わかめなどの海そう類。カルシウム、無機質（ミネラル）、食物せんいが豊富です。

や
野菜。四季折々に旬のおいしい野菜をいただきましょう。ビタミンや食物せんいの宝庫です。

さ
魚介。良質のたんぱく質源で、体や脳によいはたらきをするあぶらも豊富です。

し
しいたけなどのきのこ類。秋からおいしくなりますね。食物せんい、そしてうま味成分が豊富です。

い
いも類。意外に低カロリーで、食物せんいやビタミンC、無機質（ミネラル）も多く、ヘルシーな食材です。

9月

さんまのあぶらは栄養満点！

DHA 脳機能との深いつながり

EPA 血液をサラサラにするはたらき

レチノール 体の中でビタミンAとなる

ワンポイント
大根おろしを添えて食べると、大根の酵素が消化を助けてくれます。

食育だより   9月号

（毎月19日は食育の日）　　　　　　　　　　　　　学校

2学期が始まりました。しばらくはまだ残暑が続きそうです。朝、昼、夕の3食をしっかり食べ、「早寝・早起き」で生活のリズムを整え、元気に学校生活を再スタートしましょう。

生活のリズムは規則正しい食生活から

夏休み中に、夜ふかしや朝寝ぼうをしたりと、生活のリズムが崩れてしまった人はいませんか。もし下のような悪い習慣になってしまっていたら、すぐ直しましょう。

夜ふかしをする  → **ねる前におやつを食べる**  → **朝、なかなか起きられない**

学校の授業に集中できない  ← **朝からあくびが出る**  ← **朝ごはんが食べられない**

規則正しい生活にもどす秘けつは、規則正しい食生活です

 →  →

朝、昼、夕の3食を決まった時間に食べることで、生活にリズムがもどってきます。早起きして朝ごはんをしっかり食べることから始めてみましょう。

朝のくだものは「金」！

これから実りの秋を迎え、なし、ぶどう、かき、りんごなどのくだものが旬を迎えます。また輸入されているバナナやキウイフルーツ、オレンジなどは1年間を通して手に入りやすく、価格も手ごろです。くだものには体の調子を整えるビタミンや無機質（ミネラル）が豊富です。また甘みのもとになる果糖は炭水化物（糖質）の1つで、脳や体が活発にはたらくためのエネルギー源にもなります。そのため、朝ごはんにくだものを食べることは栄養学的に見て、とても理にかなっています。「朝のくだものは金」と昔からいわれてきた理由もここにあります。

もちろん朝ごはんだけでなく、食事のデザートに、またおやつにもぜひくだものをとりましょう。

作ってみませんか

キーマカレー

まだまだ暑さが続きます。暑いインドで生まれたカレーにはさまざまな香辛料が使われ、それが刺激となって食欲をそそります。キーマカレーはフライパンひとつでとても手軽に作れるカレーです。「キーマ」とは、インドの言葉で「ひき肉」の意味です。ターメリックライスやナンでおいしく召し上がれ。

材料　1人分

豚ひき肉	30g
しょうが	0.3g
にんにく	0.3g
にんじん	23g
たまねぎ	50g
サラダ油	0.5g
トマトケチャップ	2g
塩・こしょう	少々
カレールウ	7g
ウスターソース	2g
カレー粉	0.4g
コンソメ	0.3g
水	30g

作り方
① しょうが、にんにく、にんじん、たまねぎはみじん切りにする。
② フライパンに油をひき、しょうが、にんにくを炒め、香りが立ったらひき肉、たまねぎ、にんじんを炒める。
③ 材料に火が通ったら、調味料と水を加えて煮込む。

9月

食育だより  9月号

（毎月19日は食育の日）　　　　　　　　　　　　　　　　　　　学校

新学期が始まりました。9月に入っても、まだまだ暑い日が続きます。秋風が待ち遠しいですね。夏の暑さで、どんなに元気そうに見えても、体のどこかに疲れは残っているものです。早寝、早起きを心がけて、朝ごはんもしっかり食べて登校しましょう。

みんなに食べてほしい日本伝統の食材
～まごわ（は）やさしい～

「まごわ（は）やさしい」は、みなさんにもっと食べてほしい日本で昔から食べられてきた食品の頭の文字を並べたものです。健康的で不足しがちな栄養素を補ってくれますので、ぜひ毎日の食生活に取り入れていってほしいです。

まごわ（は）やさしい！
日本の伝統食材

ま（豆類）

豆だけでなく、豆腐や納豆などの加工品もあわせてとりましょう。ヘルシーなたんぱく質源です。

ご（種実類）

無機質（ミネラル）や体によいあぶら、ビタミンEなどが豊富です。くるみ、くりなどもいいですね。

わ（は）かめ（海そう類）

カルシウムなどの無機質（ミネラル）、食物せんいが豊富です。こんぶ、のり、ひじき、もずくもいいですね。

や（野菜類）
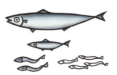
ビタミン、無機質（ミネラル）、食物せんいなど栄養が豊富。その土地で採れた、旬のものを意識して食べるとよりよいです。

さ（魚類、小魚類）

カルシウムが豊富で丸ごと食べられる小魚、体によいあぶらが多く、ヘルシーなたんぱく質源となる青魚を進んで食べましょう。

し（きのこ類）

しいたけを含むきのこ類は食物せんいが多く、免疫力も高めてくれます。干したものにはうま味やビタミンDが豊富です。

い（いも類）
でんぷんなど炭水化物だけでなく、ビタミンCや食物せんいも多いです。やまいもやさといものヌルヌルも健康成分です。

体の中の時計のおはなし

私たちの体の中には、寝たり起きたりと1日のリズムを生み出す「体内時計」というしくみがあります。しかし、この時計、光や音のない場所で生活していると、毎日1時間ずつ遅れてしまうことが知られています。とくに夜更かしなど不規則な生活を続けていると時計が狂ってしまうだけでなく、健康にも悪影響を及ぼします。

【体内時計を整えるためには】
① 朝起きたらカーテンを開け、日光を取り入れる。
② 休日でも起きる時間は平日となるべく同じにする。
③ 朝ごはんを決まった時間に食べる。
④ 日中はしっかり活動する。
⑤ 寝る2時間前までに食事をすませる。
⑥ 部屋の照明は明るすぎないようにし、就寝前のテレビ、ゲームは避ける。

作ってみませんか

青森県、とくに津軽地方の郷土料理で、小正月の行事と関係の深い料理です。「け」は「粥(かゆ)」のことを意味し、米が貴重だった頃、野菜や山菜を米に見立て、細かく切って食べたのがはじまりとされます。「日本のミネストローネ」ともよばれ、一度にたくさん作って、くり返し食べてもあきのこない栄養豊富な汁物です。

けの汁

材料	1人分
大根	30g(7mm角切り)
にんじん	15g(7mm角切り)
ごぼう	12g(7mm角切り)
ぜんまい水煮	10g(7mm切り)
大豆水煮	10g
凍り豆腐	5g
赤みそ	6g
白みそ	6g
煮干し	1g
削り節	1g
水	80ccほど

作り方
① 煮干し、削り節でだしをとる。
② なべに大根、にんじん、ごぼう、ぜんまいを入れて煮る。
③ 大豆水煮、凍り豆腐を入れて煮る。
④ みそを入れて、味を調える。

 中・高等学校向け　9月

見直そう "和食"

　日本伝統の和食は脳も体もいきいきと元気にさせるすぐれた食事として、今、世界中から注目されています。さて、みなさんは最近、「和食」といえるような食事をしましたか？　ご飯を中心に、野菜や魚、海そう類、大豆製品などを組み合わせた伝統的な和食のスタイルが、現代の日本の食生活では崩れつつあるようです。気がつけばパンやめん類、肉や揚げ物ばかり食べていた…、という人は少しだけ「和食」を心がけてみましょう。それだけでバランスのよい食事に近づけますよ。

簡単、チェンジ "和" スタイル！

ハンバーグ ⇒つくね、つみれ	野菜サラダ ⇒おひたし、ひじきの煮物	サンドイッチ ⇒おにぎり、巻きずし

材料を肉からいわし、鶏肉にしてつくねに。また油を使わずに、だし汁で煮てつみれにすれば、さらにヘルシー！	ゆでておひたしにすれば、生のまま食べるよりもたくさんの量の野菜がとれます。ひじきの煮物はカルシウムたっぷり。鉄もとれます。	おにぎりは腹もちがよく、パワーのもとに。今はメジャーリーガーにも大人気とか。のりにもビタミンAや無機質(ミネラル)が含まれています。

●これだけでも、少しだけ和食に近づくね●

食事のいろどりに気をつけよう！

　野菜や果物のカラフルな色素は、じつは免疫力アップやがん予防に効果があると、今注目されています。これらはフィトケミカルといわれる栄養成分です。イソフラボン、ポリフェノールカテキン、リコピンなど、みなさんも聞いたことがあると思います。色とりどりの野菜や果物を食べて体が元気になるなんて、ちょっとうれしい気分になりますね。野菜や果物を上手に取り入れて食事のいろどりを考えることは、健康のみならず食欲も増してくれます。みなさんの食事、色のバリエーションは豊富ですか。揚げ物など「茶色ばかり」にならないよう気をつけましょう。

中・高等学校向け　9月

夏ばてに負けない食生活！

「暑さ」は体にとって大きなストレスになります。胃腸の活動が低下して食欲がなくなり、また汗とともにビタミンや無機質（ミネラル）が失われます。とくにビタミンB₁やCは著しく消耗するといわれ、食事からしっかり補うことが大切です。

●ビタミンB₁を補給！

炭水化物をエネルギーに変えるときに必要となる栄養素で、疲労回復にも役立つといわれます。豚肉、ハム、たらこ、豆類や納豆、種実類、胚芽米やぬか、きのこ類などに多く含まれています。

●冷たいものを飲みすぎない！

暑いからといって冷たいものを飲みすぎると胃液を薄め、胃腸のはたらきを低下させます。とくに甘いジュースなどは糖分が多く、ビタミンB₁を著しく消耗させてしまいます。

●ビタミンCを補給！

抗酸化作用があり、丈夫な体を作るために欠かせない栄養素です。野菜や果物はもちろん、じゃがいもや、さつまいもなどのいも類にも多く含まれています。

●香味野菜や香辛料を上手に使おう！

にんにく、にら、たまねぎなどにはビタミンB₁の吸収を助ける成分が含まれています。また、しそ、しょうがなどの香味野菜やカレー粉などの香辛料には、食欲増進作用もあります。

●たんぱく質を補給！

忘れてならない栄養素です。血や肉など体を作る材料になります。魚、肉、牛乳・乳製品、卵、大豆・大豆製品などを、おかずで毎日しっかりとることが大切です。

●生活リズムを整えよう！

まずは早起きをして、時間に余裕を作ってしっかり朝ごはんを食べることから、生活リズムを整えていきましょう。寝る前のおやつを控え、テレビやスマホもほどほどにして早めに休むことも大切です。

タイトルイラスト

"給食だより"も収録されています

カラーイラスト

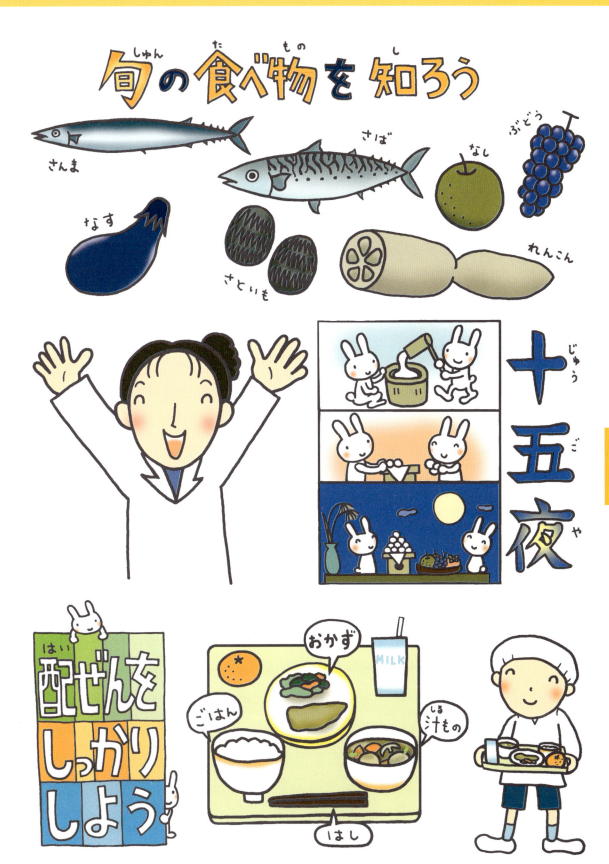

姿勢をよくして食べよう！

○ 茶わんは手に持って　○ 背すじをのばして　× ひじをつかない　× 足を組まない

月見だんご　長いも　さといも

 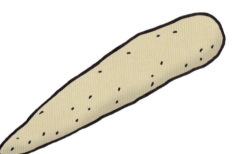 

秋分　敬老の日

いつまでもおげんきで

カラーイラスト（中学・高等学校向け）

姿勢をよくして食べよう！

○
背筋を伸ばして

○
茶わんは手に持って

×
足を組まない

×
ひじをつかない

十五夜　十三夜

敬老の日

いつまでも おげんきで

9月

都道府県
（東日本）

1. 北海道

2. 青森県

3. 岩手県

4. 宮城県

5. 秋田県

6. 山形県

7. 福島県

8. 茨城県

9. 栃木県

10. 群馬県

11. 埼玉県

12. 千葉県

都道府県（東日本）

13. 東京都

14. 神奈川県

15. 新潟県

16. 富山県

17. 石川県

18. 福井県

19. 山梨県

20. 長野県

21. 岐阜県

22. 静岡県

23. 愛知県

24. 三重県

都道府県（東日本）

健学社のおすすめ書籍

もっとたよれる食育だより イラスト資料集

秋冬編・春夏編2冊で
オールシーズンの
おたより作成をサポート！

B5判　110ページ
定価〔本体 2,500円＋税〕
ISBN978-4-7797-0645-5

B5判　110ページ
定価〔本体 2,500円＋税〕
ISBN978-4-7797-0646-2

―秋冬編　主な目次―
10月は…食育だより　①栄養バランスを考えて食べよう！／骨を丈夫にしましょう／ポトフの話　②生活習慣病を予防しよう／目と健康と栄養／秋の味覚　③新米の季節です！／秋の味覚をかみしめよう！／豆腐とちくわのてんぷら
　　Be Healthy（中学・高校向け）　①お肉やあぶらものが多くなっていない？ティーンの食生活イエローカード　②生活習慣病を予防しよう！
　　イラスト・カット　①タイトルイラスト　②カラーイラスト　③カラーイラスト（中学・高等学校向け）……など

「食育だより」は
カラーとモノクロ、さらに
ルビあり・ルビなしも収録！
小中・高校生にも対応！

親しみやすい、かわいい
イラストカットも満載！

みんなで食べ物エキスパート
食育クイズ名人

カラーユニバーサルを採用し、みんなで楽しめる食育のクイズ本

読み物としてだけではなく、ホームページからPowerPointデータをダウンロードして、授業やおたよりなどにも活用できる！

「サイエンス」「教養・文化」「なぞなぞ」

それぞれの視点から、クイズを通して食育の知識を深めることができる

食育のクイズ本 全90問

A5判　112ページ　オールカラー
定価〔本体1,500円＋税〕
ISBN978-4-7797-0619-6

中学生用食育教材
「食」の探求と社会への広がり 指導者用

文部科学省

赤本形式の教師用指導書

A4判　80ページ
オールカラー
CD-ROM付き
定価〔1,300円＋税〕
ISBN978-4-7797-0593-9
※生徒用もあります（別売）

これで続く、根づく！
食育校内推進体制チェックシート

清久利和 著

カリキュラム・マネジメントの7つの視点から9枚のチェックシートであなたの学校の食育の課題と強みを把握。これで続く、根づく！

A4判　オールカラー
58ページ
定価〔1,200円＋税〕
ISBN978-4-7797-0591-5

食に関する指導の手引
－第二次改訂版－

文部科学省

平成31（2019）年3月公表。令和の新時代、新しい学校食育の指針となる基本文書を1冊の本に！栄養教諭・学校栄養職員、学校給食・食育関係者必携。

A4判　282ページ
定価〔1,350円＋税〕
ISBN978-4-7797-0496-3

新版 それいけ！
子どものスポーツ栄養学

矢口友理 著

スポーツをする子どもたちのために、その大きな目標に向かうための食生活のあり方を丁寧に説いていきます！待望のCD-ROM付きでバージョンアップ!!

A5判　160ページ
定価〔2,200円＋税〕
ISBN978-4-7797-0472-7

スーパー資料ブック
食育西遊記＆水戸黄門

三嶋裕子 監修

壁新聞PDFとパワポ資料、毎月のおたよりのCDを約30種類！2年分収録。先生や子どもたちが写真で登場できる"なりきり"パワポ資料も好評！

B5判　136ページ
定価〔2,800円＋税〕
ISBN978-4-7797-0412-3

林先生に聞く
学校給食のための
食物アレルギー対応

林 典子 著

対話形式で学校給食における食物アレルギー対応の注意点や保護者への関わり方の基本がよく分かる。

A5判　208ページ
定価〔1,600円＋税〕
ISBN978-4-7797-0455-0

【原案・監修　食育だより（2013,2015年度）】
横川一美（埼玉県栄養教諭）

【イラスト】
公文祐子　あらいみなこ　寺田久仁子　かけひさとこ

【デザイン】
株式会社ニホンバレ

もっとたよれる
食育だよりイラスト資料集 春夏編

2025年2月2日　初版第1刷発行

編　者　月刊『食育フォーラム』編集部
発行者　細井裕美
発行所　株式会社 健学社
　　　　〒102-0071 千代田区富士見1-5-8 大新京ビル
　　　　TEL (03) 3222-0557　FAX (03) 3262-2615
　　　　URL:https://www.kengaku.com

※落丁本、乱丁本は小社にてお取り替えいたします。
※本書を無断複製し、譲渡及び配信することは、著作権法の例外を除き禁止されております。
　ご利用に際しましては禁止事項・免責などを弊社ホームページにてご一読の上ご利用ください。
※本書は、月刊『食育フォーラム』（健学社刊）に掲載された「食育だより」（2013,2015,2019年度）、
　「BE HEALTHY」（2016,2017年度）、カラーイラスト（2013～16年度）をもとに再編集し、
　まとめたものです。

2025 Printed in Japan
©Kengakusha 2025

ISBN:978-4-7797-0646-2　C3037